Peter Matz

Fensterbilder
in
Tiffany-Technik

Zum Thema Tiffany-Technik sind bei FALKEN zahlreiche Bücher erschienen. Fragen Sie den Buchhändler in Ihrer Nähe.

Das Nachbilden der Modelle ist ausschließlich zum privaten Gebrauch gestattet. Alle in diesem Buch veröffentlichten Modelle sind urheberrechtlich geschützt und dürfen nur mit ausdrücklicher Genehmigung des Verlages gewerblich genutzt oder ausgewertet werden.

Der Autor dankt folgenden Tiffany-Künstlern, die ihn bei der Objektherstellung und -auswahl für dies Buch unterstützt haben:
A. Husack, Ch. Koch, S. Klöpper, H. Kröll, S. Linden, A. Schuhmacher, A. Simons, H. Süther, Z. Vanselow, K. Zunker

CIP-Titelaufnahme der Deutschen Bibliothek

Matz, Peter:
Fensterbilder in Tiffany-Technik / Peter Matz. -
Niedernhausen / Ts.: FALKEN, 1989
(Schönes Hobby)
ISBN 3-8068-5168-9

ISBN 3 8068 5168 9

© 1989 by Falken-Verlag GmbH, 6272 Niedernhausen/Ts.
Titelbild und Foto Seite 15: Photo-Design-Studio Gerhard Burock,
Wiesbaden-Naurod
Fotos: Steffi Strittmatter Studio, Düsseldorf
Reinzeichnung des Vorlagebogens: Ulrike Hoffmann, Bodenheim
Layout: Design Christiane Rauert, Dortmund
Die Ratschläge in diesem Buch sind von Autor und Verlag sorgfältig erwogen und geprüft, dennoch kann eine Garantie nicht übernommen werden. Eine Haftung des Autors bzw. des Verlages und seiner Beauftragten für Personen-, Sach- und Vermögensschäden ist ausgeschlossen.
Satz: Dinges+Frick, Wiesbaden
Druck: U. E. Sebald GmbH, Nürnberg

817 2635 4453 6271

INHALT

Rosen, ob als Blütenranke, als Knopse oder als geöffnete Blüte, sind ein sehr beliebtes Motiv für die Tiffany-Technik.
Blüte und Stiel werden bei diesem Bild umgeben von einer eigenwilligen Verknüpfung aus rundem und rechteckigem Rahmen. Durch das irisierende Hintergrundglas erhält die Blume, je nach Lichteinfall, eine andere Farbgebung

DAS MATERIAL GLAS

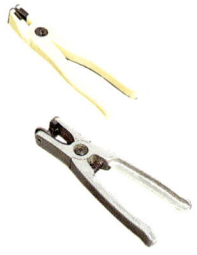

**Vor dem Kauf soll-
ten Sie sich über
das Angebot an
Tiffany-Gläsern
informieren**

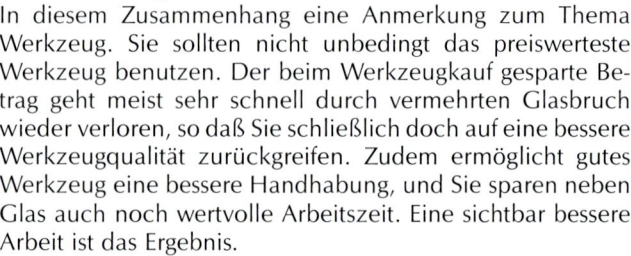

**Gutes Werkzeug
erspart viel Ärger**

Bei allen in diesem Band vorgestellten Bildern wurden Glassorten verarbeitet, die im Fachhandel erhältlich sind. Handgezogene Gläser sind aufgrund der aufwendigen Herstellung im allgemeinen teurer als gewalzte. Zur besseren Darstellung von Blumen, Blättern, Figuren und ähnlichen kleinen Motiven sollten Sie auf die wertvolleren Gläser zurückgreifen, während Sie für den Hintergrund das preisgünstigere gewalzte Glas verwenden können. Ein sehr beliebtes Hintergrundglas ist das sogenannte Eisblumenglas, das eine leichte Struktur aufweist.

Beim Kauf der benötigten Gläser müssen Sie in jedem Fall immer einen Verschnitt einkalkulieren. So sollten bei Kleinteilen 10%, für Motive mit einfacher Konturlinie ca. 30% und bei großen, schweren Stücken (Bruchgefahr!) ca. 50–70% Verschnitt eingeplant werden.

Zunächst prüfen Sie das Glas, indem Sie es gegen das Licht halten, um Struktur und Farbe zu beurteilen und um eventuelle Fehler, wie zum Beispiel Risse, zu erkennen. Bevor Sie das eigentliche Motiv ausschneiden, ist es ratsam, einige Probeschnitte am Rand auszuführen; die wertvolleren Gläser werden nur von der glatten Seite angeritzt und anschließend von der Rückseite längs der Ritzlinie (Fissur) mit dem Griff des Glasschneiders leicht angeklopft. Bei sehr schwierigen Schnitten sollten Sie die Teile lieber etwas nachschleifen als zu knapp zuzuschneiden. Die gewalzten Gläser hingegen lassen sich leichter schneiden, so daß bei einem genauen Zuschnitt weniger Nacharbeit erforderlich ist.

In diesem Zusammenhang eine Anmerkung zum Thema Werkzeug. Sie sollten nicht unbedingt das preiswerteste Werkzeug benutzen. Der beim Werkzeugkauf gesparte Betrag geht meist sehr schnell durch vermehrten Glasbruch wieder verloren, so daß Sie schließlich doch auf eine bessere Werkzeugqualität zurückgreifen. Zudem ermöglicht gutes Werkzeug eine bessere Handhabung, und Sie sparen neben Glas auch noch wertvolle Arbeitszeit. Eine sichtbar bessere Arbeit ist das Ergebnis.

Blätter- und Eisblumenglas eignet sich hervorragend als Hintergrundglas. Durch seine Struktur verleiht es auch größeren Flächen eine interessante Wirkung

Handgezogene Gläser sind besonders für Blüten und Blätter geeignet. Auch wenn dieses Glas etwas teurer ist, können durch gezielte Schablonenauflage vor allem einige Blütenblätter verschiedene Farbschattierungen erhalten

Opalgläser sind gewalzt, sie werden von zahlreichen Herstellern angeboten. Ihre Verwendung ist sehr vielfältig, da sie sich leicht verarbeiten lassen. Opalgläser sind aufgrund ihres relativ günstigen Preises vor allem für nicht so geübte Hobbykünstler geeignet

Das Fensterbild wird zum Blickfang, obwohl nur zwei Glassorten verwendet wurden. Die blattförmig geschliffenen Bevels sind für das Auge ebenso interessant wie der Hintergrund aus Blätterglas

Unter Bevels versteht man geschliffene und polierte Glasteile, die es in verschiedenen Ausführungen gibt. Zur Auswahl stehen Quadrate, Rechtecke, Blüten und Blätter und sogar ganze Ornamente. Mit Hilfe dieser Bevels lassen sich einfache Bilder von großer Wirkung herstellen, denn sie lassen sich ebenso verarbeiten wie buntes Glas.
Legen Sie Bevels als Rahmen um ein Objekt, dann gibt dieser Rahmen dem Bild eine gewisse Eleganz. Bauen Sie Bevels statt dessen in das Bild ein, so ergibt sich durch die Lichtbrechung ein buntes Farbenspiel und ein schöner Kontrast zur Umgebung. Bitte passen Sie die Bevels genau ein, um den Eindruck einer sorgfältigen Verarbeitung zu verstärken.

BEVELS

SCHABLONENHERSTELLUNG

Eine saubere Verarbeitung der einzelnen Glasteile kann nur erfolgen, wenn die Teile exakt aneinander passen. Mit Schablonen können die Glasstücke paßgenau zugeschnitten werden. Es gibt zwei Möglichkeiten der Schablonenherstellung.

Mit Hilfe der Schablonen werden die Konturen der einzelnen Schnitteile auf das Glas übertragen

– Die Originalvorlage auf einem Lichtkasten ausbreiten, dann das ausgewählte Glas auf diese Vorlage legen. Aus der freien Hand die durchscheinende Kontur mit dem Glasschneider nachritzen.
– Zuerst die Vorlage durchpausen oder kopieren. Die Originalvorlage farbig ausmalen, so daß Sie schon einen ersten Farbeindruck vom Bild erhalten. Diese Vorlage mit Stecknadeln auf einer Styroporunterlage befestigen, eventuell mit einer durchsichtigen Kunststoffolie vor Verschmutzung schützen. Aus der kopierten Vorlage 3–5 Schablonen ausschneiden und auf das ausgesuchte Glas übertragen. Diese Teile dann zuschneiden und mit dem Original vergleichen, beim Zuschnitt weiterer Teile eventuelle Größenkorrekturen berücksichtigen. Aus diesem Grund nie alle Schablonen- und Glasteile auf einmal ausschneiden. Durch die Bearbeitung weniger Teile wird bei sehr kleinteiligen Bildern auch verhindert, daß einzelne Stücke verlorengehen.

KLEINER LEHRGANG

Sie sollten zu Anfang einfache Motive wählen, da Sie so am besten die Entwicklung einer Idee und auch die Aufteilung des Bildes verfolgen können. Als Beispiel wurde hier eine einfache Landschaft ausgewählt, deren Grundidee nach folgendem Rezept entstand. Man nehme Wiesen, Berge und einen Himmel, kombiniere das ganze mit einem Sonnenuntergang und gebe zur Abrundung noch ein paar Tannen dazu (es dürfen auch andere Bäume sein). Diese Idee wird in einem Entwurf skizziert. Und siehe da, aus den einfachen Zutaten entsteht ein ansprechendes Gericht, das jeder nach seinem Geschmack verfeinern kann. Sicherlich finden Sie in Ihrer Wohnung oder in einem Buch geeignete Anregungen.

Den Entwurf anschließend vergrößern und die Konturen der Einzelteile deutlich nachzeichnen. Dies erleichtert die Schablonenherstellung.

Diese Landschaft besteht aus wenigen Teilen. Sie ist leicht und schnell zu arbeiten, so daß die Lust an der Tiffany-Technik erhalten bleibt

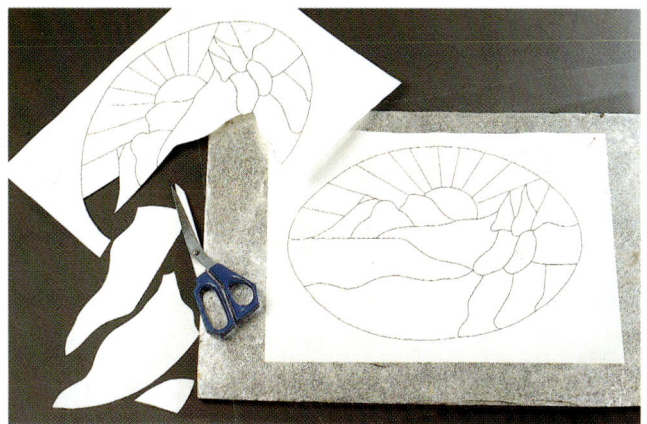

Die Originalvorlage auf einer Styroporplatte fixieren. Dann aus der Kopie jeweils 3–5 Schnitteile ausschneiden und verarbeiten

Mit einem wasserfesten Folienstift die Konturen auf das Glas übertragen. Wird nur einfarbiges, nicht strukturiertes Glas verwendet, sollte möglichst platzsparend zugeschnitten werden

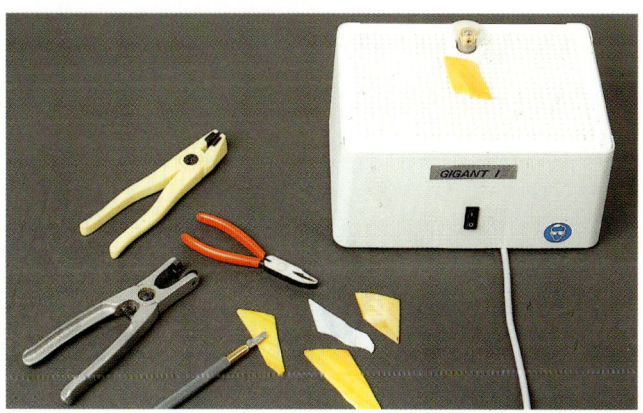

Mit einem Glasschneider entlang der Linien das Glas anritzen, dann brechen und die Kanten der Einzelteile nachschleifen

Beim Folieren gibt eine breitere Folie nicht wesentlich mehr Halt als eine schmale, erschwert aber das genaue Anpassen bei sehr kleinen Teilen. Mit einer schmalen Folie können problemlos kleinteilig strukturierte Bilder gearbeitet werden

Die Kupferfolie oxidiert durch Säure sehr schnell, späteres Feinlöten wird dadurch erschwert. Zum Punktlöten aus diesem Grunde nur wenig Lötfett oder Lötwasser nehmen, und alle Nähte anschließend mit einem Lappen abreiben

Erweitern Sie das Bild jeweils um 3–5 Teile und bauen Sie es von einer Seite her auf. Die Einzelteile mit Stecknadeln fixieren, dann erst punktverlöten. Auch wenn das kleinschrittige Arbeiten etwas mühsam ist, so erspart es doch später aufwendige Korrekturen

Befinden sich alle Teile in der richtigen Position, und sind Sie mit dem Bildaufbau zufrieden, kann mit dem Feinlöten begonnen werden

Damit das Bild einen besseren Haltbekommt, wird ein Bleirahmen um das fertig aufgebaute Bild gelegt. Den Rahmen vorsichtig anlöten (der Schmelzpunkt von Blei liegt bei 350° C). Das gesamte Bild nun nach Wunsch patinieren

Die Ösen für die Aufhängung möglichst an auslaufenden Nähten beziehungsweise an den Hilfsschnitten anlöten. Dabei das Einhängen der Kette nicht vergessen

FORM DES BILDES

Symmetrische oder asymmetrische Form?

Die meisten Hobbykünstler wählen die Form des Bildes nach symmetrischen Gesichtspunkten aus. Viele erstellen runde, ovale, quadratische oder rechteckige Bilder. Selten wird eine asymmetrische Form gewählt, ja es wird sogar behauptet, daß diese Bilder unvollendet erscheinen. Sie müssen diese Meinung nicht teilen, denn manche Motive erhalten oft erst durch die wechselhafte Linienführung eines asymmetrischen Rahmens die schönste Wirkung. Dies zeigen auch die Bilder Seepferdchen (Seite 1) und Frau im Rosenmeer (Seite 29).

Aber gerade bei asymmetrischen Außenkonturen muß der Bildaufbau besonders sorgfältig geplant und gearbeitet werden. Es wäre schade, wenn das fertige Bild wegen mangelhafter Stabilität beim ersten Aufhängen zerbrechen würde.

Das Motiv Seerose wurde für einen ovalen Rahmen entworfen, kann aber auch in einen Hintergrund mit asymmetrischer Außenkontur eingearbeitet werden. Weist das für die Blüte vorgesehene Glas viele Farbschattierungen auf, so ist bei der Schablonenauflage auf den Farbverlauf innerhalb der einzelnen Teile zu achten. Je nach Motiv kann ein falsch eingesetzter Farbverlauf eine Veränderung der Perspektive zur Folge haben

Auch ohne Hintergrund ist die Seerose ein sehr ansprechendes Motiv. Die ursprüngliche Blüte kann durch einzelne Blätter vergrößert werden, so daß sie noch mehr Fülle erhält

Die unterschiedliche Farbwahl der Hintergrundgläser und die veränderte Außenkontur verändert den Gesamteindruck des Bildes. Wer beide Bilder vergleicht, erkennt, daß auch unterschiedliche Patina auf den Zinnstegen die Ausstrahlung des Bildes beeinflußt

STABILITÄT

Durch eine ungleichmäßige Linienführung der Lötnähte erhält ein Bild eine größere innere Stabilität. Trotzdem wird ab einer Fläche von 0,5 m² eine Verstärkung des Bildes notwendig. Hierzu kann ich nur das sogenannte Ree-Strip-Verstärkungsband aus Kupfer oder Messing empfehlen. Bei großen Bildern kann es manchmal passieren, daß sich im oberen Bereich des Bildes große Einzelteile lösen. In diesem Fall sollten Sie Ree-Strip-Verstärkungsband auch um das Bild legen. Eine größere Stabilität wird zudem erreicht, wenn Sie die großen Glasstücke des Hintergrundes in mehrere kleinere zerteilen.

Wer das Motiv auf der gegenüberliegenden Seite nacharbeiten will (hier ein Ausschnitt), sollte bereits über mehrjährige Erfahrung in der Tiffany-Technik verfügen. Bedingt durch die zahlreichen Einzelteile ist die Erstellung recht zeitaufwendig. Hilfreich ist sicherlich auch, beim Glaseinkauf den Fachmann zu befragen, da der Materialverbrauch genau berechnet werden muß. Wer dennoch die Blumenvase als Motiv arbeiten möchte, kann den Entwurf verkleinern und einzelne Farbflächen zusammenfassen, so daß sich ein stilisierter Strauß ergibt

RAHMEN UND AUFHÄNGUNG

Bleirahmen

Bleirahmen bilden nicht nur einen sauberen Abschluß, sondern geben dem Bild auch zusätzlich Halt. Die dazu benötigten Bleiruten werden in verschiedenen Größen und Sorten angeboten. Wer keine Bleiruten verwenden will, sollte 1,5 mm Kupferdraht oder Ree-Strip-Verstärkungsband benutzen. Für die Außenkanten nicht zu empfehlen ist Kupferfolie, da der Klebstoff mit der Zeit nachgibt und die Folie sich dann vom Bild löst.

Hilfsschnitte

Blei ist ein weiches Metall, daß sich bei Erwärmung (Sonneneinstrahlung) oder durch das Gewicht des Objektes leicht verformt. Damit Ihr Bild nicht aus dem Rahmen fällt, sollten Sie darauf achten, daß die auch für die Stabilität wichtigen Hilfsschnitte im Hintergrund nach oben hin auslaufen. Diese Schnitte sollten nach Möglichkeit rechts und links auf gleicher Höhe am Bildrand enden.

Wenn Sie einen Bleirahmen um das Bild legen, können die Ösen für die Kette dort angelötet werden, wo die Hilfsschnitte auf den Rand treffen. Dazu noch ein Tip: Sie erleichtern sich das Löten, wenn Sie die Kette vorher verzinnen. Auch können Sie große Kettenglieder halbieren und als Ösen verwenden. Die Ösen quer auf den Rahmen aufsetzen und vorsichtig festlöten.

Aufhängung am Fenster

Wie befestigen Sie nun das Bild am Fenster, wenn Sie keinen Haken in den Fensterrahmen eindrehen möchten? Es gibt die Möglichkeit, einen Haken auf der Fensterscheibe zu befestigen. Nehmen Sie einen kleinen Metallhaken mit Fuß (Metallscheibe) und kleben Sie ihn mit Sekundenkleber auf das Fensterglas. Nach einem Tag mit kleinen Gewichten probieren, ob der Haken hält, dann kann das Bild aufgehängt werden. Keine Angst, der Haken läßt sich problemlos von der Scheibe lösen. Sie brauchen nur mit einem Schaber vorsichtig von unten gegen den Fuß zu stoßen.

Eine Anleihe aus der Folklore. Das Motiv „Auf die Berge zurückblickendes Mädchen" eignet sich auch für den Anfänger. Um dem Bild genügend Stabilität zu geben, wurden die einzelnen Farbflächen der Landschaft in kleinere Glasstücke zerschnitten. Soll das Mädchen ein andersfarbiges Kleid tragen, so kolorieren Sie den Entwurf, um eine Vorstellung der Farbgebung zu bekommen

IN DIE GALERIE GEBLICKT

Ein Bild, das nicht nur durch das Motiv „Dame im Boot" Ruhe ausstrahlt. Durch die geschickte Wahl der Farbschattierungen innerhalb der verwendeten Gläser entsteht auf dem Kleid ein zartes Licht- und Schattenspiel. Die Sonnenstrahlen brechen sich in den leichten Wellenbewegungen der Wasseroberfläche

Warten? Trauer? Das in den ovalen Rahmen eingepaßte Motiv scheint den Eindruck des „Sich-Zurückziehen-Wollens" zu verstärken. Doch der scheinbare Widerspruch der gedeckten Farben des Hintergrundes zum leuchtenden Blau des Kleides bringt den Betrachter eher auf den Gedanken, das Bild vielleicht „Abendstimmung" zu taufen

Sicherlich gibt es
auch unter den
Sportlern einige
Tiffany-Künstler,
die vielleicht ein
Bild für einen
Klubkameraden
oder den Klub-
raum mit dem ent-
sprechenden Mo-
tiv fertigen wollen.
Diese farbenfrohe
Segelregatta wurde
– kostengünstig –
aus Restglas her-
gestellt

Sportmotive, die
als Grundlage für
den Entwurf eines
Tiffany-Bildes ge-
eignet sind, finden
sich nicht nur in
Büchern, sondern
vor allem in Illu-
strierten. Wer
möchte, kann
natürlich auch ein
eigenes Motiv
kreieren, wie zum
Beispiel diesen
Surfer

Japan für den Anfänger. Dieses Bild wirkt nicht nur durch die Motive, sondern vor allem durch den ungewöhnlichen Außenrand, dessen Formgebung an ein asiatisches Eingangstor erinnert

Kleine Spielerei in
der Tiffany-Tech-
nik. Der Pandabär
sieht sein Spiegel-
bild in der ruhigen
Wasseroberfläche.
Durch den Spiegel-
effekt sind die
Farben seines Fells
natürlich etwas
verändert

Bei der Darstellung von Vögeln in ihrer ganzen Farbenpracht können Sie Ihrer Phantasie freien Lauf lassen. Die Erweiterung des Motivs „Vogelbaum" um einige Vögel ist ohne Schwierigkeiten möglich

Die zwei Störche stehen mit ihren roten, langen Beinen im seichten Wasser. Die Ruhe, die dieses Bild ausstrahlt, ist bedingt durch die wenig zerschnittenen Farbflächen, aber auch durch den streng symmetrischen Aufbau des Bildes

Schwäne sind für
die Tiffany-
Künstlerin Judy
Miller ein beliebtes
Motiv. Sie können
Einzelmotive aus
anderen Bildern
natürlich in belie-
bige Hintergründe
oder in ein ande-
res Bild einpassen.
Den Kombina-
tionsmöglichkeiten
sind dabei kaum
Grenzen gesetzt

Auch das Motiv
„Taube" ist in den
Tiffany-Künstler-
kreisen gut be-
kannt. Es wurde
hier durch unzäh-
lige, farbenfrohe
Blütenknopsen,
die alle in
harmonischer
Wechselwirkung
zur leuchtend
blauen Taube
stehen, erweitert

Haben Sie bereits einen Entwurf für eine Rosenknospe und eine Rosenblüte, so können Sie ohne großen Aufwand eine solche Ranke zusammenstellen. Die Blüten werden auf dem Untergrund verteilt und durch Ranken und Blätter miteinander zu einer Einheit verbunden. Eine Verlängerung oder Verbreiterung der Ranke ist ebenso leicht möglich, wie der Zuschnitt der einzelnen Blüten aus einem andersfarbigen Glas. Ihrer Phantasie sind dabei keine Grenzen gesetzt

Dieses Bild wurde nach einer Vorlage von Ed Sibbet gearbeitet. Aufgrund der zahlreichen Rosen, die den farbenfrohen Hintergrund bilden, erhielt das Bild den Namen „Frau im Rosenmeer". Das Gesamtbild besteht aus etwa 320 Einzelteilen und ist somit nur ein Motiv tür den geübten Tiffany-Künstler

Diese beiden Stadtmotive zeigen, wie Stadtansichten in die Tiffany-Technik umgesetzt werden können. (Beide Motive sind nicht auf dem Vorlagebogen zu finden.) Das Ratinger Tor in Düsseldorf ist vielen wahrscheinlich aus Zeitschriften bekannt

Die Konturen der Gebäude wurden von einer Postkarte auf Transparentpapier abgepaust. Diese Vorlage wurde anschließend vergrößert und koloriert. Ohne großen Aufwand entstand so die Tiffanyschablone, in die dann noch einige kleine Details eingearbeitet wurden

Die Düsseldorfer
Altstadt im Jahre
1943. Ein wahres
Puzzle aus klein-
sten Glasstückchen
deutet auf einen
Bombenangriff
hin, ebenso die
schief stehenden
Mauern des
Schloßturms

SCHÖNES HOBBY

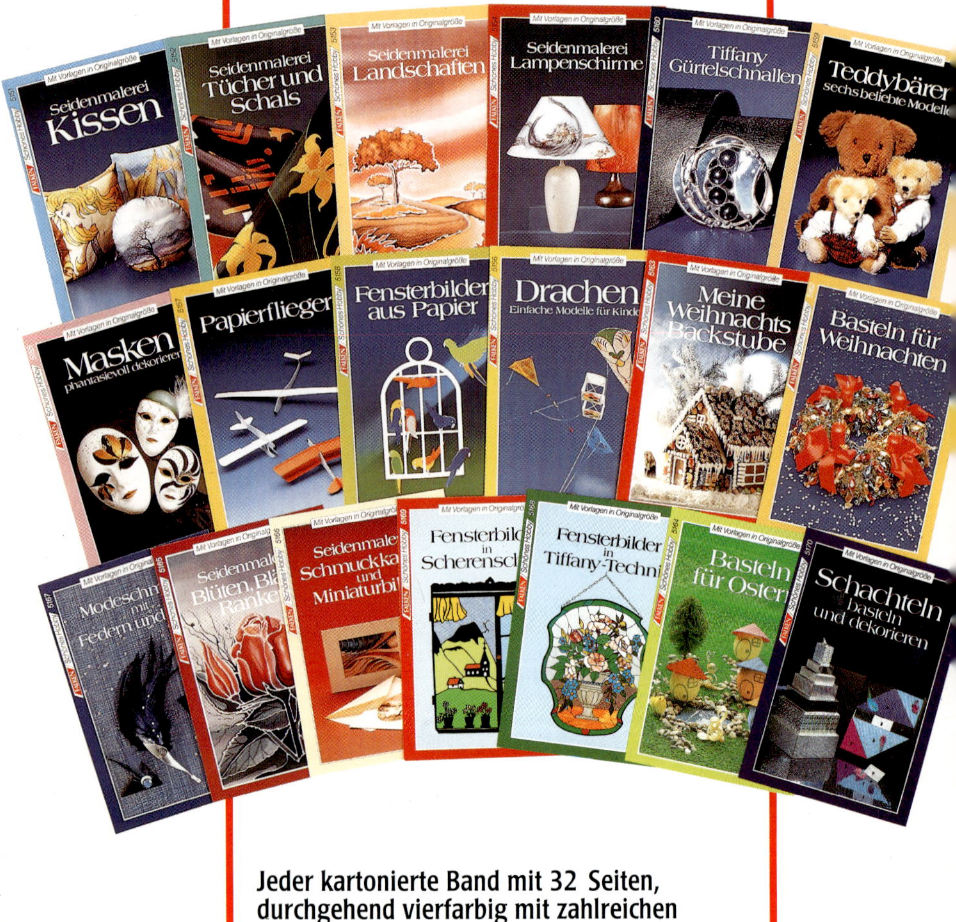

Jeder kartonierte Band mit 32 Seiten, durchgehend vierfarbig mit zahlreichen Fotos, Zeichnungen und Vorlagen in Originalgröße für nur **DM 6,95**, S 59,–, Fr 6,95.

FALKEN

Der Spezialist für nützliche Bücher

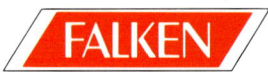